Il profeta scandaloso

Passione e ideologia: Pier Paolo Pasolini nel centenario della nascita e oltre...

a cura di
Stefano Fassina e Gaetano Quagliariello

RUBBETTINO

88049 Soveria Mannelli - Viale Rosario Rubbettino, 10
tel (0968) 6664201
www.rubbettino.it

Presentazione

Nel 2022 è ricorso il centenario della nascita di Pier Paolo Pasolini. Gli interventi qui raccolti sono frutto di due incontri dedicati al "profeta scandaloso", due percorsi autonomi, ma incrociatisi nelle figure di alcuni dei promotori-relatori, attivi sul terreno della politica: i sottoscritti ed Eugenia Roccella. Il primo incontro è stato promosso dalla Fondazione Magna Carta e si è svolto il 5 aprile 2022. Il secondo, pensato e organizzato dal gruppo di Liberi e Uguali della Camera dei Deputati, ha avuto luogo il 23 maggio dello stesso anno.

Sono state numerose le celebrazioni del centenario di Pasolini curate dai media di tutti gli orientamenti, da istituzioni culturali nazionali o locali e dalle amministrazioni delle città alle quali il poeta era più legato da biografia e produzione artistica (Bologna, Casarsa, Roma). È stato un tributo fisiologico, anzi dovuto, considerata la caratura dell'artista nel panorama culturale italiano ed europeo del '900. Sono state, invece, sostanzialmente assenti le iniziative per ricordarlo da parte di soggetti direttamente politici o impegnati sul versante della cultura politica, fatta eccezione per i nostri appuntamenti, qui riproposti nei loro principali contenuti. Eppure, Pier Paolo Pasolini è stato un intellettuale disperatamente politico, in tutte le sue opere, non soltanto nei suoi interventi sui principali quotidiani e riviste italiane, a cominciare dal «Corriere della Sera» di Piero Ottone.

Perché una fondazione di cultura politica di orientamento liberal-conservatore e un gruppo politico di sinistra, distanti in termini ideologici e di policy, sono andati in controtendenza e hanno intersecato i loro interessi nel ritorno a Pasolini? La ragione è duplice: da un lato, il comune assillo per l'emergenza antropologica denunciata profeticamente da Pier Paolo Pasolini e, dall'altro, la condivisa passione per una politica non rassegnata all'amministrazione e alla sempre più effimera comunicazione. Se queste premesse vanno considerate ampiamente condivise, è assolutamente evidente che la loro declinazione sia stata differente. Ma, d'altro canto, è proprio da questa diversità che nasce l'interesse per il confronto del quale questa pubblicazione è testimonianza.

Ed ecco il nostro comune punto di partenza: la necessità di rivedere criticamente le categorie d'analisi novecentesche con la consapevolezza di essere ormai da tempo in una fase che ha portato la dimensione sociale, quella ambientale e, soprattutto, quella spirituale in contrasto con la centralità dell'umano così come l'abbiamo conosciuto per millenni. La guerra scatenata dalla Federazione Russa all'Ucraina rappresenta, purtroppo, in tal senso, soltanto l'ultima conferma particolarmente atroce di evidenza empirica.

La nostra, insomma, è la stessa convinzione che, con diversità semantiche e d'accenti, è risultata centrale nella riflessione e nel messaggio dei tre ultimi pontefici: Giovanni Paolo II, Benedetto XVI e, da ultimo, è stata espressa con particolare efficacia da Papa Francesco ad Assisi, il 24 settembre scorso, nelle sue conclusioni dell'assemblea dedicata a "The Economy of Francesco". Dimensione sociale, ambientale e spirituale, d'altro canto, sono intimamente connesse. Lo sono nella dottrina sociale della Chiesa, dove lo sviluppo umano è integrale, l'ecologia è integrale e persona-comunità-creato vengono a trovarsi senza soluzione di continuità. Lo sono state anche nelle grandi ideologie novecentesche, le quali tutte sono partite e hanno postulato la centralità dell'uomo, cercando una necessaria connessione tra la sua dimensione economica e la sua dimensione spirituale.

Ogni fase della storia ha, tuttavia, una distintiva cifra spirituale. Non a caso, il titolo completo del manifesto di Francis Fukuyama del 1992, celebrativo di una presunta pacificazione liberal-democratica dell'umanità conquistata con il crollo del Muro di Berlino e la dissoluzione dell'Unione Sovietica nel biennio 89-91, è *La fine della Storia e l'ultimo uomo*. Secondo un'interpretazione che prova a riportare il finalismo in campo liberale, fine della storia e ultimo uomo sarebbero, dunque, consustanziali. «L'ultimo sapiens sapiens è uomo economico. Dunque animale. Cane soddisfatto [...] la fine della storia abolisce l'umanità dell'uomo. L'uomo post-storico, figlio della liberaldemocrazia realizzata, non ha più ragione di lottare per raggiungere un orizzonte», scrive Lucio Caracciolo nel suo ultimo saggio (*La pace è finita*) a commento del testo di Fukuyama. Il fatto è che il trentennio alle nostre spalle ci dice con chiarezza come la storia non sia finita. E questa evidenza rappresenta un altro punto di partenza condiviso da quanti non hanno mai pensato che un esito neo-capitalistico e liberal-democratico potesse rappresentare una conclusione e da chi, invece, proprio per la propria fede liberale, ha sempre ritenuto la libertà un bene effimero che non può in nessun caso rappresentare un "finale di partita", fosse anch'esso di marca strettamente liberale.

Sia i comuni presupposti sia le nostre differenze ci hanno insomma convinti del significato politico che assume oggi il riprendere in mano Pier Paolo Pasolini. La storia non è mai finita, ma oggi è più che mai tornata. Ed è più che mai evidente che l'"ultimo uomo", esattamente come quello che ha percorso *La strada* di Cormac McCarthy, non può mai rinunziare a una ricerca di spiritualità e rassegnarsi a un'identità di mero consumatore. L'ultimo uomo è irrequieto, indomito, spaventato dal vuoto di senso, dall'onnipotenza amorale della Tecnica e dalle sue possibili conseguenze.

Siamo, quindi, convinti che Pasolini rimanga illuminante nello smascheramento della portata antropologica di un sistema basato sul consumo indotto non soltanto dalle merci ma persino da diritti senza doveri: il "Nuovo Potere", riconosciuto da Pasolini come "Nuovo fascismo", ha mortificato e mortifica il senso del sacro, distintivo dell'umano, fino a soffocarlo nel desiderio. Ha ridotto e riduce la persona a individuo-consumatore. Ha appiattito e appiattisce il prisma delle relazioni sociali a scambi bidimensionali, vanificando il senso di comunità e il rapporto proficuo tra questa e la persona.

Insomma, oggi si frantuma la favola della fine della storia e dell'ultimo uomo. Oggi il centenario dei natali di Pier Paolo Pasolini offre l'opportunità di riflettere sulla condizione dell'umano e del creato e di rimotivare l'impegno per una militanza politica determinata a ricercare, con passione, il primato delle idee e il gusto per il confronto. Oggi il recupero delle denunce del poeta, scrittore, regista, intellettuale è un accorato appello alle nostre rispettive parti politiche per alzare lo sguardo e ridare alla politica la P maiuscola per "il sogno di una cosa".

Del convegno voluto dalla Fondazione Magna Carta proponiamo l'introduzione di Gaetano Quagliariello e gli interventi di Ferdinando Adornato ed Eugenia Roccella. Dal convegno di Liberi e Uguali riprendiamo l'introduzione di Stefano Fassina e gli interventi di Dacia Maraini e Ascanio Celestini.

Buona lettura.

Stefano Fassina
Gaetano Quagliariello

Gaetano Quagliariello

L'attualità di Pasolini

Pasolini è stato un intellettuale acuto, penetrante, scandaloso. E proprio per questo il suo pensiero, a distanza di un secolo dalla sua nascita, è rimasto attuale, a tal punto da investire molte delle questioni più controverse della contemporaneità, da evidenziarne gli aspetti più contraddittori e i lati più oscuri: quelli, per intenderci, che si sottraggono a letture scontate e politicamente corrette.

Ancor di più: il processo di sedimentazione del suo pensiero, dal momento della sua morte a quello nel quale si celebra il centenario della nascita, ha evidenziato la profondità di alcune sue analisi e ha fatto risaltare la forza e la vivacità di alcune delle sue intuizioni. Insomma, forse anche per la penuria di intellettuali autentici che si aggirano nell'Italia contemporanea, oggi ancor più di ieri, Pasolini appare un autore dirompente.

Non ho né l'intenzione né la possibilità di fare, in questa sede, una disamina esaustiva delle intuizioni e delle provocazioni pasoliniane. Prendendo però in considerazione solo alcuni momenti della sterminata produzione di Pier Paolo Pasolini, vorrei riuscire a svelare la "struttura" sulla quale ha poggiato il suo ragionamento e, per questo, a comprendere meglio le prese di posizione che ne sono conseguentemente derivate.

A me sembra, infatti, che l'analisi pasoliniana, nella sua complessità e quasi totalità, si origini dalla riflessione sul passaggio che, nell'immediato secondo dopoguerra, segna il tramonto dell'Italia contadina per inaugurare la fase dell'Italia moderna e industriale: passaggio che comporta un inevitabile portato in termini di secolarizzazione.

Questo snodo della nostra vita nazionale può essere considerato da un punto di vista economico, politico o antropologico. Per Pasolini – è assolutamente evidente – è proprio quest'ultima dimensione che assurge a "struttura" dell'intera problematica. Gli altri aspetti – quello economico e quello politico – "seguono": come le intendenze per Napoleone. E, per questo, degradano a "sovrastrutture", obbligatoriamente dettate dal cambiamento principale.

Nell'opera di Pasolini, il cambiamento antropologico connesso alla transizione tra il periodo contadino e quello industriale ha una portata "totalizzante", nel senso che attraversa e segna tutta la sua multiforme produzione intellettuale: è al centro della sua poetica; rappresenta il nocciolo tematico dei suoi più importanti romanzi; è l'argomento che domina la sua produzione di regista ed è anche quello che dà unità e profondità alla sua attività di commentatore politico. Infine, e non certo da ultimo, rappresenta anche il solco nel quale egli iscrive il suo vissuto quotidiano, senza deviazioni e senza reticenze.

Il processo di trasformazione antropologica viene colto e seguito nei suoi sviluppi, partendo dalla sua presunta origine: dal fatto, cioè, che nel passaggio dall'Italia contadina a quella del boom economico si sarebbe innescata una dinamica per la quale la *persona* si sarebbe trasformata in *individuo* e – circostanza agli occhi di Pasolini ancora più rilevante – il popolo avrebbe smarrito la sua essenza comunitaria rendendosi disponibile a farsi omologare in qualcosa di più ampio e assai meno definito: in un'entità indistinta forgiata essenzialmente dal potere.

Questi processi di trasformazione avrebbero fatto sì che il desiderio – sia quello individuale sia quello comunitario – smarrisse la sua autenticità per trasformarsi in imposizione esterna, risolvendosi infine in consumo di massa: dinamica questa che avrebbe portato progressivamente l'uomo a perdere sempre più contatto con le cose vere ed essenziali della vita spingendolo, addirittura, a dimenticarne l'origine.

Lo smarrimento che tutto ciò produce è, tra l'altro, colto da Pasolini in un'analisi poliedrica del linguaggio e, ancor più specificamente, del linguaggio del corpo: un'attenzione che lo spinge fino al punto di scorgere all'orizzonte il prospettarsi di una vera e propria "questione antropologica" e a immaginare parte della problematica che sarebbe molto dopo confluita in quella che, con linguaggio attuale, viene definita "biopolitica".

Vale la pena evidenziare come, in questo passaggio (in particolare per quel che concerne la corruzione del desiderio), l'analisi di Pasolini sembra anticipare alcuni temi che saranno poi ripresi e originalmente declinati da don Giussani. Basterà, al riguardo, considerare questo passaggio tratto da una conversazione che Giussani tenne a Colfosco con alcuni studenti, nell'estate del 1980: «Quando la coscienza del destino è diventata assenza, il desiderio ha perso il senso e il riferimento della sua radice, è sballato, impazzito, ma non può sopprimersi». Sebbene da un differente angolo visuale, per Giussani, esattamente come per Pasolini, è dunque la perdita di coscienza dell'origine quella che provoca l'impazzimento del desiderio.

Questa intuizione di fondo iscrive già di per sé Pasolini tra i grandi interpreti della trasformazione politico-sociale avvenuta in Italia a seguito di quel processo complesso e composito che va sotto il nome di "secolarizzazione". L'interazione delle sue analisi con quelle di altri suoi contemporanei con i quali si relazionò, direttamente o indirettamente, consentiranno di cogliere ancor meglio la portata del nodo tematico in questione e, ancor più, di gettare un fascio di luce non usuale sull'influenza che esso ha esercitato nella vicenda storico-politica del nostro Paese.

Ciò vale innanzitutto per quel che concerne gli scritti che Pasolini consacrò alla trasformazione che ai suoi occhi avrebbe investito la Democrazia Cristiana: il partito che nel periodo in cui egli visse e operò rappresentava il fulcro dell'intero sistema politico.

Questi scritti hanno l'ambizione di illustrare e spiegare il presunto passaggio dal clerico-fascismo del Ventennio a quello che lui definiva "Nuovo Fascismo", del quale la DC sarebbe stata la protagonista sempre più incontrastata, mentre la Chiesa avrebbe visto progressivamente inaridirsi il suo ruolo pubblico. Tra Pasolini e Sciascia non fu certo avara la corrispondenza: sia quella fatta di lettere e biglietti sia quella alimentata da comuni suggestioni. In particolare, però, sono le analisi di Pasolini sulla deriva della Democrazia Cristiana che rinviano all'opera di Sciascia. Con più precisione, allo Sciascia di *Todo modo*, laddove nel romanzo dello scrittore siciliano – forse anche perché la forma del romanzo consente *nuance* e allusioni che risulterebbero ultronee in un articolo di critica o in un saggio – si percepisce un maggiore equilibrio nell'analisi della maturazione del cambiamento genetico che avrebbe investito il partito cattolico, anche e soprattutto per quel che concerne le conseguenze che tale cambiamento avrebbe comportato nel suo rapporto con la Chiesa.

In particolare, a proposito del vincolo di potere che avrebbe legato Chiesa e partito cattolico, nel romanzo di Sciascia, la Chiesa, metaforicamente rappresentata dalla figura di Don Gaetano, ci appare carnefice e vittima, travolta infine dal tentativo di continuare a gestire quel che non poteva più esser gestito così come era stato fatto fino ad allora. Pasolini, di contro, è disposto a concedere alla Chiesa l'attenuante di una progressiva marginalizzazione provocata della rivoluzione antropologica che avrebbe portato la società a sostituire Dio con il benessere materiale. Pasolini, insomma, sembra quasi trascrivere in forma poetica e/o polemica le analisi di un altro grande intellettuale del suo tempo, collocato su tutt'altra sponda ideologica: quelle di Augusto Del Noce sulle caratteristiche dell'ateismo nell'epoca della secolarizzazione. Pasolini va persino oltre le conclusioni di Del Noce. Rileva come la rivoluzione antropologica provocata dal consumismo sarebbe riuscita in ciò che non era riuscito neppure al fascismo storico: essere a tal punto totalizzante da produrre infine effetti totalitari.

La nostalgia per la purezza perduta dalla classe proletaria, che l'omologazione avrebbe trasformato in piccolo-borghese, non si sarebbe però risolta nell'evocazione di un "russovismo realizzato", nella ricerca cioè di un magico tempo primitivo. Pasolini, piuttosto, vive la ricerca del suo ideale come contrapposizione bruciante tra il tempo perduto e il presente. Non si sottrae alle contraddizioni che essa produce, anche se in lui non c'è traccia di un'accettazione tocquevilliana della realtà all'ombra di una necessaria storicizzazione. La sua appare, piuttosto, come la disperata introiezione vivente di una contraddizione, che si fa carne e sangue: la *sua* carne e il *suo* sangue.

Questa condizione, per la quale l'analisi s'incarna nella dimensione esistenziale, è quella che più di ogni altra cosa spinge Pasolini – e forse, più di ogni altro, proprio il Pasolini politico – a essere una fonte inesauribile di provocazioni brucianti, spesso tra loro dissonanti, piuttosto che autore di analisi sedimentate, ordinate, innanzitutto convincenti.

Lo si comprende bene prendendo in considerazione il "Pasolini Corsaro" e, ancor più precisamente, quello delle analisi sul Sessantotto e sulle sue presunte conseguenze; quello del confronto con i giovani del PCI, letto sia nella parte *destruens*, che lo porta a prender parte per i poliziotti – certamente il Pasolini più noto e più reclamizzato –, sia nella parte *costruens* – ingiustamente sottaciuta –, che riguarda invece la ricerca di un rapporto dialettico con la generazione dei figli e che lo spinge a rivalutare il dato istituzionale in politica: approdo inatteso e sorprendente per l'autore che pure avrebbe scritto l'articolo sul Processo al Palazzo.

Pasolini interpreta il Sessantotto italiano come un tentativo dei figli di sostituirsi ai padri e sarebbe stata proprio questa la "colpa" originaria degli studenti: piuttosto che mettersi alla prova nel tentativo di creare un potere nuovo e rinnovato, limitarsi a occupare quello esistente.

Nella poesia "Il PCI ai giovani!" emerge chiaramente questo dato empirico: «Un borghese redento deve rinunciare a tutti i suoi diritti / a bandire dalla sua anima, una volta per sempre / l'idea del potere». Invece, a differenza di quello francese, il Sessantotto italiano per Pasolini sarebbe partito da premesse diverse ed è questa ragione a impedirgli di far collimare le istanze del movimento operaio con quelle del movimento studentesco, ponendo più o meno inintenzionalmente – potremmo aggiungere noi – alcuni incunaboli dai quali sarebbe poi derivata la stagione tragica del terrorismo, che rappresenta uno degli esiti di questa vicenda.

Come contrappunto a questa deriva e anticipazione dell'altro esito possibile del Sessantotto – non tragico, meno drammatico, ma non per questo ai suoi occhi meno gravido di conseguenze negative – si erge quello che a tutti gli effetti va considerato il suo testamento politico. Fu letto al Congresso del Partito Radicale al quale Pasolini avrebbe dovuto prendere parte il giorno dopo il suo assassinio. È un'invocazione ai radicali di restare minoranza creativa e scandalosa, di non diventare riconoscibili, convenzionali, conformisti. Per far sì che il tema dei diritti civili potesse continuare a prospettarsi come progresso sociale, senza trasformarsi in desiderio convenzionale e omologante. Oggi ci appare come un grido di protesta contro il passaggio dalla minoranza radicale al radicalismo di massa: una bruciante evocazione della tematica che, in maniera più ordinata, è possibile ritrovare, nuovamente, nelle analisi che Augusto Del Noce avrebbe consacrato alla trasformazione del comunismo in radicalismo di massa.

Tutto, infine, converge nella sensazione che i cambiamenti antropologici e sociali indotti dalla transizione tra due Italie, succedutesi senza consapevolezza e per questo senza vera crisi, avrebbero infine prodotto una frantumazione del conflitto politico e sociale e, di lì, tante, ripetute crisi inconsapevoli. In questa chiave di lettura, la stessa proposta di un Processo al Palazzo appare come un estremo, estremistico, disperato tentativo di recupero di una consapevolezza unitaria della crisi in atto. E, come contrappunto, esso rinvia al Moro del «Noi non ci faremo processare» e a quello delle lettere della prigionia.

La lettura integrata di questi documenti, infatti, evidenzia un'altra disperazione, in qualche modo uguale e contraria a quella espressa da Pasolini: la disperazione del "grande democristiano" – come lo definì Sciascia – di fronte alla constatazione della perdita del patrimonio originario da parte del suo partito che avrebbe significato dispersione del patrimonio genetico di umanità derivante dalla consapevole ricerca sempre e comunque della centralità della persona: l'elemento che più di ogni altra cosa avrebbe segnato la sua condanna a morte.

Sicché, la drammatica fine dei due antagonisti, avvenuta ognuna nel campo di gioco proprio della vittima – una nella dimensione del privato, l'altra al centro della vicenda pubblica –, può anche essere letta come metafora di un dramma nazionale incompiuto e incompreso, che alcuni tra i più consapevoli delle contraddizioni in esso insite – in ambiti politico-culturali diversi, persino contrapposti e in alcuni casi violentemente contrapposti – avrebbero comunque pagato con la propria vita.

Si tratta soltanto di suggestioni. Al di là della loro fondatezza, esse evidenziano, almeno, come la biografia di Pasolini, le sue intuizioni ancor più delle sue analisi abbraccino in realtà tutta la storia dell'Italia del dopoguerra, spingendosi anche oltre i confini della sua esistenza. Alcune di queste suggestioni saranno riprese e sviluppate negli scritti degli autori che hanno accettato di partecipare a questo momento di approfondimento sulla politicità di Pasolini.

Alcuni di loro hanno avuto una conoscenza diretta dell'uomo e quindi il loro scritto va a tutti gli effetti considerato anche una testimonianza. Altri hanno contratto un debito intellettuale con l'autore, che poi hanno speso prendendo parte attiva alla vita politica in ambiti molto differenti; in alcuni casi sorprendentemente diversi. E questo ritengo sia un ulteriore elemento che spiega l'interesse che Pasolini continua a suscitare. Nonché il fatto che ci si trovi al cospetto di un intellettuale vero: uno di quelli che oggi tanto ci mancano.

Stefano Fassina
L'imbarazzo della sinistra su Pasolini

Abbiamo invitato a ricordare Pier Paolo Pasolini personalità molto diverse tra loro. Dacia Maraini, straordinaria scrittrice, da ultimo autrice di *Caro Pier Paolo*, un appassionato e appassionante epistolario "senza tempo" dedicato a Pier Paolo Pasolini, una persona alla quale lei è stata per tanti anni vicina nel lavoro artistico e nell'amicizia intensa. Ascanio Celestini, autore e interprete di *Museo Pasolini*, un ricco testo teatrale storico-politico costruito intorno alla biografia e alle opere dello scrittore. Infine, sul terreno della cultura politica, Eugenia Roccella, già parlamentare e sottosegretaria di area centro-destra, tra i protagonisti della Fondazione Magna Carta e ora ministra per la Famiglia, la natalità e le pari opportunità.

L'incontro dal quale traiamo alcuni dei contributi raccolti qui è stato promosso da Liberi e Uguali, gruppo parlamentare esistito nella XVIII legislatura. Il senso dell'iniziativa, svoltasi il 23 maggio del 2022 a Roma, è non soltanto e non è tanto celebrare e rievocare lo scrittore, il poeta, il regista protagonista della cultura della seconda metà del '900. Infatti, non sono mancate nel corso del 2022 le celebrazioni culturali e istituzionali di Pier Paolo Pasolini. Anzi, in realtà, è stato a volte piuttosto irritante assistere alla "normalizzazione" nel Palazzo di chi denunciava il Potere. Comunque, non abbiamo competenze specifiche per misurarci sui versanti della critica letteraria o cinematografica.

Abbiamo voluto, invece, avvicinarci alla persona, Pier Paolo, il nostro "Caro Pier Paolo", così coraggiosamente e amorevolmente raccontato, fino agli aspetti più personali, nelle lettere scrittegli da Dacia Maraini, per arrivare all'intellettuale politico, all'editorialista corsaro, al militante critico della sinistra, al profeta scandaloso. Nella nostra lettura, Pier Paolo Pasolini è stato un artista essenzialmente politico, disperatamente politico, generosamente politico. Almeno l'ho interpretato e lo interpreto così. Forse, perché l'ho incontrato per la prima volta su *Le ceneri di Gramsci*, al cimitero acattolico al Testaccio. Lì, nell'accorata poesia, si rivolge al dirigente comunista e gli confessa «Lo scandalo del contraddir[s]i, dell'essere / con [lui] e contro [lui]; con [lui] nel cuore, / in luce, contro [lui] nelle buie viscere; / [...]».

A partire dai sogni innescati dalla struggente amicizia tra Dacia e Pier Paolo, raccontati nell'epistolario, abbiamo voluto provare ad affrontare una delle questioni di fondo che anche lì ritorna come segno distintivo, a me pare, della riflessione di Pasolini, seppur espressa nella pluralità di linguaggi da lui incessantemente sperimentati: la trasformazione antropologica indotta dal neo-capitalismo, l'offensiva dell'ideologia edonistica per ridurre la persona a consumatore, a individuo monade impegnato soltanto ad accumulare potere d'acquisto per massimizzare la propria utilità sull'onnipotente mercato, secondo i precetti del neo-liberismo.

È una questione politica di primissima rilevanza oggi. Invece, da chi fa politica viene ignorata e, quando rilevata, viene lasciata alla Chiesa cattolica, poiché da tempo larga parte della politica interpreta la stessa politica come amministrazione. I più attenti si limitano a elogiare Papa Francesco quando invoca l'umanesimo integrale. È, invece, una questione che dovrebbe investire sia la destra che la sinistra. La destra sociale, le forze moderate ancorate alla dottrina sociale della Chiesa la pongono, sebbene in termini a volte integralisti, mentre rimuovono la scomoda critica di sistema al "Nuovo potere" consumista. La sinistra, l'arco progressista, la ignora. Anzi, poi torno sul punto, la sinistra, l'arco progressista, la aggrava in nome di mal-intesi diritti civili.

In una lettera a Pier Paolo (*Caro Pier Paolo*, p. 97), Dacia Maraini ricorda un viaggio a Sana'a, la capitale dello Yemen: città arcaica e bellissima, ricca della sua "innocenza primordiale", diceva Pasolini, un posto al mondo ancora indenne dalla corruzione capitalistica. Scrive Dacia: «La piccola grande città medievale ti incantava. Era come se tu avessi trovato la concretizzazione del tuo sogno nostalgico di un passato che ti intestardivi a considerare ingenuo e quindi puro». La lettera prosegue con l'intervento di Alberto Moravia, compagno di Dacia anche lui sempre presente nei viaggi di Pasolini. «Alberto – scrive Dacia – sollevava qualche dubbio. Secondo lui, il Medioevo non era affatto innocente e puro, e inoltre l'ingenuità contadina non era priva di scaltrezze, di violenze e di brutalità».

Le valutazioni di Moravia sulla nostalgia di Pasolini sono le stesse che espresse Rossana Rossanda quando la invitammo a commentare *Mamma Roma*, all'Università Bocconi, nel decimo anniversario dell'uccisione di Pasolini. La Rossanda esemplificò con la condizione della donna uno dei tratti più regressivi della civiltà contadina. Come scrive Dacia nel racconto del sogno a Sana'a, Pasolini non negava la verità delle parole di Moravia. Ma insisteva su un punto per lui decisivo: il mondo arcaico e povero forse era anche violento e crudele, ma in compenso era privo di quel carattere che Pasolini considerava il massimo del male in cui eravamo e siamo, aggiungo, immersi: la volgarità. Cosa intendeva Pasolini per volgarità? Dacia ci aiuta a capire: per volgarità Pasolini intendeva «una ferita profonda alla sacralità dell'essere umano». Quello di Pasolini era «uno schiaffo alla cultura mercificata che riduce l'uomo a merce, togliendogli dignità e integrità». Erano temi sui quali anche Moravia aveva riflettuto e scritto. Moravia e Pasolini, sottolinea Dacia Maraini nella lettera, «così diversi e così vicini nell'antipatia viscerale verso la vita vista come mezzo anziché come fine».

Ecco, qui sta la ragione fondamentale della nostra iniziativa. Non abbiamo nessuna velleità o capriccio anti-capitalista. A parte che saremmo di gran lunga fuori tempo massimo, non vediamo in giro altri modelli preferibili. Non vogliamo neppure tornare indietro: siamo consapevoli della brutalità e della violenza presente nella civiltà delle lucciole. Tuttavia, vorremmo provare a segnalare la necessità e l'urgenza antropologica, quindi politica, di imbrigliare il mercato, di farlo tornare servo e non più padrone della persona e della natura.

Certo, è una sfida ambiziosa. I nemici sono fortissimi. Li evoca Ascanio Celestini nel suo monologo *Museo Pasolini*, portato a teatro per il centenario della nascita del nostro poeta. Mi perdonerà l'autore se riporto il filo del suo monologo con le parole di un testo di Pasolini: «Ricordo e so che il quadro umano è cambiato, che le coscienze sono state violate nel profondo. Ricordo e so che, a compensare questa strage umana, non ci sono né ospedali né scuole, né verde né asili per i vecchi e i bambini, né cultura né alcuna dignità possibile. Ricordo e so, anzi, so, semplicemente perché è cosa di oggi, di questo momento, che gli uomini al potere sono legati alla stessa speranza di sopravvivenza cui sono legati i criminali, consistente nella necessità di compiere altri crimini. So dunque che gli uomini al potere continueranno a organizzare altri assassini e altre stragi, e quindi a inventare i sicari fascisti: creando così una tensione antifascista per rifarsi una verginità antifascista e per rubare ai ladri i loro voti; ma, nel tempo stesso, mantenendo l'impunità delle bande fasciste che essi, se volessero, liquiderebbero in un giorno. So inoltre che l'accumulazione dei crimini degli uomini al potere uniti all'imbecillimento della ideologia edonistica del nuovo potere, tende a rendere il paese inerte, incapace di reazioni e di riflessi, come un corpo morto». Sono alcuni passaggi dell'intervento pronunciato da Pier Paolo Pasolini all'assemblea di giovani e intellettuali svoltasi la domenica mattina dell'8 giugno 1975 nel cinema Jolly a Roma, con il quale motivava la sua decisione di votare per il PCI alle imminenti elezioni (pubblicato col titolo *Pasolini: il mio voto al PCI* su «l'Unità» il 10 giugno).

Sì, Pier Paolo Pasolini era marxista e comunista. Le sinistre ufficiali e le forze progressiste oggi sono, comprensibilmente, imbarazzate da Pasolini: lo ignorano. Anche nel centenario della nascita, l'hanno rimosso. La declinazione dei diritti civili all'insegna dell'individualismo proprietario (maternità surrogata) e del transumanesimo (ideologia gender), da esse interpretata con veemenza identitaria, è l'oggetto della disperazione profetica di Pasolini. Invece, a quasi 50 anni dalla morte, Pier Paolo Pasolini è entrato, dopo accurata depurazione della sua critica al Potere, nel pantheon della destra sociale e delle realtà cattoliche, anche le associazioni più conservatrici. Ma Pier Paolo Pasolini era marxista e comunista. L'incipit del suo ultimo scritto, preparato per l'intervento al Congresso del Partito Radicale e letto da Vincenzo Cerami un paio di giorni dopo l'assassinio, è il seguente: «Prima di tutto devo giustificare la presenza della mia persona qui. Non sono qui come radicale. Non sono qui come socialista. Non sono qui come progressista. Sono qui come marxista che vota per il

Partito Comunista Italiano, e spera molto nella nuova generazione di comunisti».

Qui, veniamo alla parte più politica del nostro incontro. Con l'aiuto di Pier Paolo Pasolini, interpretato dagli autori qui coinvolti, vorremmo provare a capire se e come affrontare sul terreno politico la portata antropologica del dominio del mercato. Richiamo le parole scritte da Pasolini in conclusione dell'intervento letto al Congresso del Partito Radicale: «Ora, la massa degli intellettuali che ha mutuato da voi, attraverso una marxizzazione pragmatica di estremisti, la lotta per i diritti civili rendendola così nel proprio codice progressista, o conformismo di sinistra, altro non fa che il gioco del potere: tanto più un intellettuale progressista è fanaticamente convinto delle bontà del proprio contributo alla realizzazione dei diritti civili, tanto più, in sostanza, egli accetta la funzione socialdemocratica che il potere gli impone abrogando, attraverso la realizzazione falsificata e totalizzante dei diritti civili, ogni reale alterità. Dunque tale potere si accinge di fatto ad assumere gli intellettuali progressisti come propri chierici. Ed essi hanno già dato a tale invisibile potere una invisibile adesione intascando un'invisibile tessera».

Concludo. Con la pandemia prima e la guerra in Ucraina poi, siamo compiutamente entrati nella fase del ritorno della Politica, del ripristino del primato della Politica sull'Economia. È ora di misurarsi anche con l'involuzione antropologica denunciata da Pasolini per promuovere un umanesimo integrale, essenza di quell'ecologia integrale evocata da Papa Francesco, tanto di moda, ma tanto incompresa nelle sue determinanti strutturali, temo.

Dacia Maraini
Un disperato lottatore

Per tanti anni mi sono rifiutata di scrivere di Pier Paolo, perché si è pubblicato tanto, si è analizzato tanto e mi sembrava inutile. Poi, il direttore della casa editrice di Neri Pozza, Roberto Cotroneo, mi ha detto: «Guarda che ormai le persone che lo hanno conosciuto stanno scomparendo, tu sei rimasta una delle poche. Perché non parli del Pasolini privato, non di quello politico?» Pier Paolo e io abbiamo vissuto nella stessa casa, abbiamo fatto un film insieme (la sceneggiatura naturalmente), siamo partiti per tanti viaggi insieme. Insomma ho avuto modo di conoscerlo, anche se solo nell'ultimo periodo della sua vita, da quando aveva 45 anni fino a quando è morto. E quindi mi sono detta: «Forse sì, ha ragione».

Tra l'altro, ho fatto un sogno che mi ha stimolato a raccontare: Pier Paolo, nella casa che condividevamo a Sabaudia, aveva la camera da letto sopra il soggiorno dove io scrivevo. Spesso sentivo i suoi passi sopra la testa. Anche nel sogno ho avvertito i suoi passi, ma questa volta ero nella casa di Roma, dove lui tra l'altro non è mai stato. Così nel sogno sono salita sulla terrazza e l'ho visto. Gli ho chiesto: «Che fai qui Pier Paolo?» E lui mi ha detto: «Sono qui perché voglio raccontarti di un film che ho in mente di girare». Ho subito creduto che lui fosse tornato in vita ed ero contenta. Mi accingevo ad ascoltare l'idea del nuovo film quando dietro di me ho sentito delle voci che dicevano: «Dacia digli che è morto! Non può girare un film!» Ho capito che era la voce della realtà. Io ero molto imbarazzata, perché non osavo dirgli: «Guarda che sei morto!» Ma lui mi ha preceduto dicendo: «Lo so che sono stato morto. Adesso però torno in vita».

È stato un sogno molto vivido, mi è rimasto impresso. Un sogno talmente realistico da lasciarmi scossa per giorni e giorni e ancora oggi me lo ricordo come fosse stato ieri notte. Lui, anche sapendo di essere morto, voleva tornare a fare il cinema. Io avrei voluto parlargli di molte cose: dei nostri ricordi, ma anche del presente, di diverse cose che mi sarebbe piaciuto discutere con lui. Allora mi sono chiesta: ma se iniziassi a scrivere delle lettere a un amico che non c'è più ma nello stesso tempo è presente nella memoria?

Così, mi sono messa a scrivere queste lettere, e mentre scrivevo mi sono accorta che tanti ricordi che avevo dimenticato sono tornati vitali e colorati. Qui, faccio una parentesi: credo che noi abbiamo un pessimo rapporto con i morti. Io ho abitato molti anni in Giappone e in Giappone i morti non fanno paura, non sono fantasmi, sono presenze benigne che abitano nelle case e aiutano i vivi ad affrontare i problemi del giorno. Infatti ogni sera si prepara un po' di sakè o un po' di riso per i defunti, ritenendo che siano parte del grande mondo dei vivi. Tutto il teatro antico giapponese, il teatro Noh, è fatto di dialoghi tra vivi e morti.

Uno potrebbe chiedersi perché sia importante un dialogo fra chi se n'è andato e chi è rimasto. È chiaro che non conta per chi se n'è andato e non sappiamo dove, ma per chi è rimasto sì, per chi si fa tante domande sul passato e sul futuro. I morti sono la nostra memoria. Noi occidentali purtroppo abbiamo un pessimo rapporto con i morti: li vediamo come fantasmi che fanno paura, basta pensare ai "morti viventi" o "i morti che perseguitano i vivi" che si vedono nei fumetti, nel cinema. A volte diventano addirittura dei vampiri che vogliono succhiare il sangue dei vivi. Questo, secondo me, è segnale di un pessimo rapporto con la memoria.

Ecco Stefano, mi è piaciuta molto quella cosa che hai detto su Pier Paolo, che era "disperatamente" politico, sì è verissimo: Pier Paolo aveva una disperazione, una lacerazione nella sua vita. E questo lo portava a vivere con un perenne atteggiamento drammatico. Io credo – d'altronde lo ha raccontato anche lui – che ci sia un "nodo" all'inizio della sua vita. Pier Paolo aveva un bellissimo rapporto con il padre fino all'età di 4 anni perché Carlo Alberto che era un militare era anche un uomo molto colto. Leggevano, giocavano insieme, fino a quando questo padre è dovuto partire con l'esercito italiano per l'Africa.

A fine guerra, è stato imprigionato assieme ad altri ufficiali. Quando è rientrato in Italia, e questo lo racconta molto bene Pasolini, era diventato un altro uomo: alcolizzato, nemico di se stesso e degli altri, prende a maltrattare la moglie e i figli. A questo punto Pier Paolo ha rotto ogni rapporto col padre e si è messo a proteggere la madre. Da lì nasce un rapporto tenace, profondo e viscerale con la dolce Susanna che durerà per tutta la vita.

Credo che questo legame sia stato il nodo fondamentale di una vita difficile e dolorosa. Il legame con sua madre ha fra l'altro marchiato il suo rapporto con le donne. Perché Pier Paolo ogni tanto si innamorava. Silvana Mauri è stata uno dei suoi grandi amori, abbiamo delle bellissime lettere che lo testimoniano. Era un tenero amore platonico, che escludeva il rapporto sessuale. Fare l'amore con una donna, diceva lui, sarebbe stato come fare l'amore con sua madre. Quindi, accoppiarsi sessualmente con una donna diventava per forza un incesto. Questo l'ha portato a dividere il corpo dall'anima, come scrive in una famosa poesia in cui dice che l'anima appartiene a sua madre e quindi lui non poteva che accoppiarsi con qualcuno a cui non riusciva a dare un'anima. È questa la lacerazione di cui parlavi, una lacerazione che ha reso spinosa e contraddittoria anche la sua visione politica.

Fin da ragazzino, Pier Paolo ha avuto un rapporto conflittuale con la società. Non perché avesse un carattere guerresco o rabbioso, ma perché appena si è manifestata la sua omosessualità è stato attaccato, denigrato, maltrattato con brutalità. Cacciato dalla scuola, cacciato dal Partito Comunista per indegnità morale, non poteva che armarsi per difendersi da chi lo voleva escluso ed emarginato. Ricordiamoci che quella era una società molto moralista, spesso bigotta. L'omosessualità era considerata una perversione o una malattia grave da curare. Pasolini aveva creato coraggiosamente una "sua" scuola a Casarsa, in cui includeva i più fragili, i più poveri, e da quella scuola è stato cacciato come se fosse un delinquente e questo ha suscitato la sua rabbia e la sua indignazione che troviamo in molti suoi scritti saggistici. Poi, è stato espulso dal Partito Comunista e ciò ha costituito un altro colpo al cuore. Insomma, era un momento di grandi "punizioni" sociali. Nonostante questo, lui ha mantenuto un rapporto affettuoso e conflittuale con la società. Quello che lo affascinava, com'è scritto nella poesia *Le ceneri di Gramsci*, era «Lo scandalo del contraddirmi, dell'essere / con te e contro te; con te nel cuore, / in luce, contro te nelle buie viscere; / [...]». Era la dolorosa separazione tra l'eros e gli affetti.

Nel rapporto tra piacere e amore, c'era qualcosa in lui che non tornava. Il suo legame con la Callas per esempio è stato un rapporto altalenante e contraddittorio. Ho partecipato con loro a un viaggio in Africa. Pier Paolo e Maria erano visibilmente innamorati, si tenevano per mano, si abbracciavano amorevolmente, ma di fronte alla completezza di un rapporto amoroso, lui si tirava indietro. E questo addolorava Maria che avrebbe voluto addirittura sposarlo. Ma per lui ogni corpo di donna era un corpo materno di fronte al quale arretrava come se fosse sacro e intoccabile.

Il sogno di una società arcaica, una società secondo lui pura e integra, segnata da un rapporto sacrale con il cielo e la terra, in fondo lo si può leggere come una nostalgia del ventre materno che si trasforma nel desiderio del paradiso. Un mondo perfetto, dove non hai bisogno di lavorare e sei curato e protetto da tutti i malanni. Ecco, credo che questi siano alcuni punti chiave per capire Pasolini. La parte oscura di cui parla Pier Paolo, anche noi la conosciamo e se guardiamo bene la troviamo anche dentro di noi. Tutti abbiamo un rapporto con la nostra parte oscura: eros e thanatos si trovano lì, a segnare le nostre vite.

Pasolini aveva un rifiuto di tipo anarchico nei confronti del potere, di qualsiasi potere. Era questo che lo rendeva sgradito sia alla destra che alla sinistra. Per lui qualsiasi gruppo di persone che si opponeva all'autorità, alla fine si trasformava in un altro e più pericoloso potere. Questa la motivazione per la quale non ha mai accettato di appartenere a un'associazione omosessuale, nonostante abbia sempre dichiarato la sua omosessualità. Non tollerava che l'organizzazione della protesta potesse diventare potere a sua volta. Così, come ce l'aveva col femminismo, anche lì abbiamo spesso discusso, ovviamente senza mai venire meno al rispetto reciproco. Anche il Partito per lui era una forma di potere. Io gli dicevo: guarda che il potere è anche libertà: "Poter esprimersi", "Poter viaggiare", "Poter parlare", "Poter pensare". Non sono anche questi poteri? Ma lui non cambiava i suoi sospetti nei riguardi di qualsiasi organizzazione che potesse trasformarsi in forza oppressiva.

Ricordiamo la famosa poesia rivolta agli studenti del '68 che protestavano contro l'autorità, che ha fatto scandalo: «Vi odio, cari studenti», e intendeva dire che gli studenti venivano da famiglie che avevano loro permesso di andare all'università, e domani avrebbero fatto parte della classe dirigente mentre, al contrario, i poliziotti erano dei poveracci che non avevano i soldi per accedere agli studi superiori, facevano una vita magra, rischiosa e non avrebbero mai fatto parte della classe dirigente. Dal punto di vista sociologico, non è che avesse torto.

Dopo la sua morte, si è cominciato a prendere sul serio i suoi aspetti più radicali e più profondi, in qualche modo condivisibili. C'era qualcosa di profetico nelle sue parole su una società che si sta involgarendo e autodistruggendo. Stamattina, mi trovavo in un liceo di Roma, al Tiburtino, e i ragazzi, che pure non conoscono il suo lavoro, erano molto ineressati: come se sentissero che c'è qualcosa di vero e di valido in quello che comunica.

Ecco, questo credo sia un altro segreto della forza di Pasolini. Le sue idee facevano parte del suo corpo. Non c'era un cervello pensante da una parte e un corpo atletico dall'altra. Era un uomo che si buttava nella mischia con pensiero e corpo fusi insieme e questo lo rendeva fragile ma anche simbolicamente forte. Per farlo tacere, lo hanno massacrato. Nessuno sa niente sulla sua morte. C'era un reo confesso e quindi il caso è stato chiuso. Ma troppo presto, senza indagare. Lo stesso Pelosi, che ha sempre dichiarato di averlo ucciso, prima di morire ha confessato che non è stato lui. C'erano tre persone, che lo hanno preso a bastonate, ha dichiarato, ma chi erano? Questo è rimasto un segreto, uno dei tanti segreti amari di questo Paese poco portato alla limpidezza e alla sincerità.

Ecco, con queste parole spero di aver suscitato interesse per il Pasolini "privato": un uomo dolcissimo, mite, gentile e delicatissimo. Costretto dal moralismo di una società poco comprensiva e tollerante a trasformarsi in un disperato lottatore.

Eugenia Roccella
Pasolini e i Radicali irriconoscibili

Pier Paolo Pasolini si è dichiarato per tutta la vita "comunista". Lo ha fatto anche nel suo ultimo scritto, quello che è stato spesso definito il suo testamento politico, cioè l'intervento al Congresso del Partito Radicale di Firenze, letto da Vincenzo Cerami il giorno dopo la sua morte. «Sono qui come marxista che vota PCI». Ma questa dichiarazione di voto e di appartenenza posta come premessa, così insistita nonostante tutti i dissapori con il PCI, le diffidenze e le distanze, mi sembra non tanto l'ottimismo della volontà, quanto un ancoraggio visionario, nel senso di una visione utopica da mantenere come orizzonte necessario. Nel discorso di Firenze, che ho sempre ricordato, anche perché allora ero una giovane militante femminista e radicale che amava molto Pasolini, conosciuto al partito, lui dice che «spera nella nuova generazione di comunisti almeno come spera nei radicali. Cioè con quel tanto di volontà e irrazionalità e magari arbitrio che permettono di spiazzare la realtà, per ragionarci sopra liberamente».

Pasolini certamente spiazzava la realtà. La sua era un'utopia antropologica, potrei definirla un'utopia dell'alterità. La parola alterità la ripete molte volte, anche nel testo citato: «mentre gli estremisti lottano per i diritti civili marxistizzati pragmaticamente, in nome di una identificazione finale tra sfruttato e sfruttatore, i comunisti, invece, lottano per i diritti civili in nome di una alterità. Alterità, non semplice alternativa. La lotta di classe è stata finora anche una lotta per la prevalenza di un'altra forma di vita (per citare ancora Wittgenstein potenziale antropologo), cioè di un'altra cultura. Tanto è vero che le due classi in lotta erano anche – come dire? – razzialmente diverse. E in realtà, in sostanza, ancora lo sono. In piena età dei consumi».

Tanti anni fa, per la tesi di dottorato in italianistica, ho scelto il tema di Napoli come mito edenico della postmodernità. Per molti, come la Morante, il cui rapporto con Pasolini Dacia Maraini ha ricordato anche nel suo libro, Napoli è un luogo separato, un limbo («Fuori dal limbo non v'è eliso», recita l'epigrafe de *L'isola di Arturo*). Insomma è un luogo che non interagisce dialetticamente con la realtà egemone, e anche nell'eventuale prospettiva di uno sviluppo economico non potrebbe mai trasformarsi in un luogo simile al Nord, perché è caratterizzato da un'irriducibile alterità. È una sorta di paese terzo nel cuore dell'Italia e dell'Europa. Pasolini come è noto vede i napoletani come una tribù votata alla scomparsa: «Io so questo: che i napoletani oggi sono una grande tribù, che anziché vivere nel deserto o nella savana, come i Tuareg o i Boja, vive nel ventre di una grande città di mare. Questa tribù ha deciso – in quanto tale, senza rispondere delle proprie possibili mutazioni coatte – di estinguersi, rifiutando il nuovo potere, ossia quella che chiamiamo la storia, o altrimenti la modernità. È un rifiuto, sorto dal cuore della collettività, una negazione fatale contro cui non c'è niente da fare. Essa dà una profonda malinconia, come tutte le tragedie che si compiono lentamente; ma anche una profonda consolazione, perché questo rifiuto, questa negazione alla storia, è giusto, è sacrosanto. I napoletani hanno deciso di estinguersi, restando fino all'ultimo napoletani, cioè irripetibili, irriducibili e incorruttibili». Questa visione di Napoli, presente in molti scrittori del nostro Novecento, non è soltanto mitica. Napoli è vista innanzitutto come un'isola antropologica, dove una cultura popolare e astorica resiste a quel nuovo capitalismo che non intende limitarsi «a cambiare storicamente un tipo di uomo: ma l'umanità stessa».

È proprio l'utopia dell'alterità che porta Pasolini verso Pannella e i radicali, che pure sono lontanissimi da lui. Il suo intervento a Firenze è molto chiaro sia sulle affinità che sulle divergenze. Un intervento in cui la contraddizione principale è proprio la scelta di tenerlo lì, nel Congresso di chi lottava per i diritti civili, visto che tutto il discorso è contro la cultura dei diritti. La capacità di entrare nelle contraddizioni senza timore era del resto tipica dello scrittore. Nella lettera-testamento, Pasolini ripete quello che ha ossessivamente profetizzato, cioè che il nuovo potere produce un cambiamento drastico, trasforma e corrompe l'umano. E lo viene a dire a casa di chi quel cambiamento lo vuole, anzi lotta per affrettarlo; in casa di coloro che costituiscono l'avanguardia del movimento per i diritti civili. La divaricazione tra Pasolini e i radicali è così evidente che, anni dopo, Marco Belpoliti pubblica un pezzo in cui sostiene che l'amicizia, la simpatia, perfino l'attrazione di Pasolini verso Pannella sono autentiche, tanto che la sua intervista al leader radicale è "un ritratto innamorato", ma è anche un grande equivoco perché i due, in realtà, lottavano su fronti opposti.

Belpoliti scrive: «Pasolini non si era accorto che la rivoluzione dei diritti civili, la liberazione sessuale, era parte del nuovo consumismo, l'avanguardia del narcisismo di massa dei decenni successivi». E aggiungo, l'avanguardia dell'omologazione che Pasolini tanto odiava. Ma lui se ne era accorto benissimo, sapeva quello che faceva, e bisogna ricordare che l'amicizia e il sostegno dato a Pannella furono preziosi nei giorni del digiuno sui referendum, considerando anche che lo scrittore era contrario all'aborto.

Dopo aver chiarito fin dall'inizio dell'intervento di Firenze la sua posizione («non sono qui come radicale, socialista, progressista»), Pasolini ribadisce che «le persone più adorabili sono quelle che non sanno di avere dei diritti, e anche le persone che, pur sapendolo, non li pretendono e addirittura ci rinunciano». I radicali degli anni Settanta sono, però, "abbastanza adorabili", perché lottano per gli altri, per chi non sa di avere diritti. Lo fanno dando corpo alle proprie battaglie, mettendo il corpo al centro della politica: il corpo delle donne e degli uomini, nell'amore, il sesso, la gravidanza, il piacere e il dolore. In una famosa intervista, Pasolini descrive Pannella un po' come il cascherino di altri scritti, meravigliosamente innocente e allegro: Marco parla «con meravigliosa vivacità e allegria malgrado una cinquantina di giorni di digiuno». C'è in entrambi, nello scrittore e nel politico, un vitalismo a doppia faccia, febbrile e autodistruttivo, forse più consapevolmente e cupamente in Pasolini, ma anche in Pannella, basta pensare ai digiuni e al precoce tentativo di suicidio. Ma c'è soprattutto la capacità dei radicali di allora di essere dentro ogni marginalità, e anche questo Pasolini lo dice: «i diversi, i marginali, ve li siete andati a cercare nei luoghi più lontani». Siete scandalosi: e scandalo è la parola chiave dell'intervento, fin dal titolo.

I radicali rientrano quindi nella categoria degli "abbastanza simpatici" che lottano per i diritti degli altri. Una lotta che ha senso solo se la prospettiva finale non è l'omologazione, l'identità antropologica, culturale e valoriale tra sfruttato e sfruttatore, ma se si riesce a disegnare una prospettiva di alterità, cioè di un'altra cultura. Altrimenti il rischio è definitivo, e i radicali lo corrono: «so di dire cose gravissime – dice Pasolini – ma se no cosa sarei venuto a fare?»

Quello che lui ama dei radicali è la loro pratica dell'alterità, il loro essere profondamente non omologati, più che non conformisti non conformi, detestati da tutte le forze politiche, irriducibili a quello che allora i sessantottini chiamavano sistema, i radicali regime, Pasolini nuovo potere.

Ma Pasolini è molto consapevole anche dei rischi che la scandalosa diversità dei radicali corre, e li mette in guardia dal possibile – e secondo lui già in atto –

tradimento dei chierici, gli "intellettuali progressisti", che avrebbero accolto i diritti civili in un contesto di «ideologia edonistica e falsa tolleranza, [escludendo] ogni reale alterità».

È, a mio parere, esattamente quello che è accaduto. Chi richiama Del Noce ha ragione: la rivoluzione antropologica di Pasolini ha molti punti di contatto con l'analisi che Del Noce fa della società opulenta dei consumi, ormai indifferente alla trascendenza, alla religiosità. Il filosofo Roberto Esposito sottolinea che quello che Pasolini coglie è il mutamento strategico del potere neocapitalistico, passato dalla logica dell'esclusione a quella dell'inclusione. «Il nuovo regime biopolitico – dice Esposito – anziché opporsi al desiderio di godimento, di qualsiasi tipo, delle masse, lo assume stimolandolo», anzi spingendo verso la soddisfazione ora e qui, immediata, del desiderio. Si potrebbe aprire un discorso molto interessante sulle parentele che la visione di Pasolini ha con la questione antropologica così come è stata teorizzata dai cattolici, anche se, negli anni Settanta, dell'onda anomala della nuova antropologia c'erano solo le avvisaglie.

Nel 2002, Ruini, nella prolusione a un'assemblea della Cei, dice: «Sta imponendosi infatti, ed appare destinata a diventare sempre più acuta e pervasiva nel tempo che sta davanti a noi, una "questione antropologica" che, a differenza di un passato anche non lontano, tende non soltanto a interpretare l'uomo, ma soprattutto a trasformarlo: e questo non limitatamente ai rapporti economici e sociali – come avveniva nella prospettiva del marxismo –, ma assai più direttamente, e radicalmente, nella nostra stessa realtà biologica e psichica».

Spesso la questione antropologica è confusa, anzi sovrapposta all'esistenza e alle richieste dell'area pro-life, ma non è così. La questione antropologica non riguarda la difesa della vita, ma la difesa dell'umano, della creaturalità e dei limiti connessi alla fragilità umana, insita nell'essere "nati di donna".

L'intervento di Pasolini al Congresso di Firenze, a cui voglio tornare, si chiude con l'invito ai radicali a rendersi "continuamente irriconoscibili", "eternamente contrari". I radicali, però, non sono riusciti a evitare questo rischio. Il tema dei diritti individuali è diventato una bandiera di massa, lo scandalo radicale è stato completamente riassorbito, anzi è diventato mainstream, conformismo totale, ed è scandaloso avere posizioni diverse, essere per esempio contro l'eutanasia, o contro la fluidità di genere. La capacità di anticipazione di Pasolini si vede anche dalla linea politica seguita dagli anni Ottanta dalle associazioni Lgbt, che puntava alla normalizzazione dell'omosessualità, e a un oscuramento della componente trasgressiva, che è stata confinata ai fenomeni spettacolari, è stata resa il più possibile innocua. Non a caso Pasolini non è mai diventato un'icona gay.

Lo scandalo pasoliniano, la resistenza di una possibile utopia dell'alterità, vanno cercati altrove. Forse oggi tocca a noi cattolici essere scandalosi, tocca a noi non uniformarci, cogliere l'invito di Pasolini a essere «imperterriti, ostinati, eternamente contrari».

Ferdinando Adornato
Il Partito Popolare Pasoliniano

Quando Gaetano mi ha gentilmente proposto di partecipare a questo incontro, sono rimasto colpito dal titolo che si era voluto dargli, "Un ritratto politico". Non tanto per la parola "politico", quanto per la parola "ritratto" e allora mi sono messo a fare i compiti. Devo fare la premessa che, essendo io una di quelle persone che hanno frequentato Pier Paolo quando ero ragazzo, non ho quasi più voluto mai leggere niente. Quindi questa è stata anche un'occasione per andare a fare i compiti e rileggersi tutto. Allora ho cercato di fare un ritratto del Partito Popolare Pasoliniano, PPP. Non ci si può più iscrivere, quindi se anche questo ritratto vi convincesse dovreste rimanere solo col ricordo. Politica estera ce n'è poca nel Partito Popolare Pasoliniano, salvo il suo amore per l'Africa. Appunto facendo i compiti, ho trovato una cosa che neanche io ricordavo. Il PPP è filoisraeliano. Nel 1967, anno giusto per scriverne ovviamente, addirittura arriva Pier Paolo a polemizzare con il suo giornale – non il suo dove scriveva, ma il suo di sentimento. «Ora in questi giorni leggendo l'Unità ho provato lo stesso dolore che si prova leggendo il più bugiardo giornale borghese», vi risparmio il resto, vado al sodo: «non è logico che chi non può garantire questo, cioè la difesa di Israele, almeno in cuor suo difenda l'esperimento dello Stato di Israele, riconoscendone la sovranità, la libertà, e che aiuto si dà al mondo arabo, fingendo di ignorare la sua volontà di distruggere Israele». Non mi ricordavo neanche io questo, però annotiamo che il PPP è filoisraeliano. Qua naturalmente io vado per pennellate del ritratto. Il PPP attribuisce culturalmente un valore sacro alla vita, non solo per le sue posizioni sull'aborto che poi sono meno incomprensibili di quanto io mi ricordi si sia voluto dire all'epoca. Comunque di Pasolini si è detto tutto: reazionario, comunista, cioè è stato tutto. Questo io spero che sia un ritratto un pochino più fedele. Non solo per le poesie sull'aborto, dicevo, ma perché in qualche modo Pasolini nei suoi scritti indica quello che è il cuore dell'identità occidentale come suo orizzonte, cioè la centralità della persona. Gaetano accennava qualcosa. La centralità della persona prima ancora che dell'individuo, giustamente. La centralità della persona anche quando Pasolini usa generalizzazioni, per esempio quando parla di fascismo, quasi sempre dopo tre righe dice attenzione io non parlo del fascismo come Ur-Fascismo – direbbe Umberto Eco – ma ne parlo, parlo di questo fascista, di questa madre, di questo figlio. È la persona. Anche quando parla dei ragazzi – che poi sarebbero stati tutti condizionati dall'omologazione – parla di quel ragazzo. Non fa mai generalizzazioni perché per lui conta la persona. Il PPP è ecologista, non tanto e non solo per la metafora delle lucciole che è quella che è più conosciuta, per la verità Pasolini strumentalizza questa presunta scomparsa delle lucciole per fare un discorso sul passaggio dell'Italia da Paese agricolo e Paese paleoindustriale a Paese industriale. Non solo per questo, ma perché effettivamente il suo amore per la natura equivale all'amore per la persona, equivale all'amore per l'esistenza, equivale alla sacralità della vita che è anche sacralità della natura. Più per questo il PPP è ecologista, che per la questione delle lucciole, che pure sono una suggestiva metafora che va tenuta presente. Alcune linee di programma sono queste. Poi vediamo le fondamenta culturali e dell'analisi politica di questo partito. Allora Pasolini interpreta la democrazia postbellica come post-fascismo. La democrazia italiana si configura finalmente con la libertà come democrazia, ma mantiene nelle strutture dello Stato, nella burocrazia, il carattere di un sistema post-fascista. Non è in questo l'unico a dirlo: ricordo un brillantissimo saggio di Giuliano Amato che sosteneva la medesima cosa. Comunque questo è un suo leitmotiv. È un punto di analisi dal quale Pier Paolo è sempre partito e ha continuato a considerarlo. Secondo, il '68 non è una rivoluzione, il '68 è una guerra civile e Pasolini in questa guerra civile risolutamente sta dalla parte dei poliziotti e non dalla parte dei capelloni, come in qualche caso lui li definiva. C'è un bellissimo saggio sui capelli che vi consiglio di andarvi a vedere. Considera la nascita, anzi, di un «fascismo di sinistra» – così lo chiama. Facendo una sinistra che poi viene rappresentata anche da coloro che volevano impedire il Festival del cinema di Venezia nel '68. Un altro punto di analisi culturale sempre presente nel PPP è la denuncia dei pensieri unici, persino in qualche modo – uso parole nostre, non sue – la denuncia di macchine del fango che vengono costruite. Lui pensava a se stesso, per la verità, quando parlava di questo aspetto della falsa tolleranza – le "Lettere a Gennariello" sono da questo punto di vista esemplari. C'è in questo partito, cosa che non c'è in nessun partito, possiamo dirlo, un elogio dell'irregolarità. Solo nei Radicali – e non a caso vi si sentiva vicino – c'è l'irregolarità eletta come legge civica. Pasolini adora questo modo di essere politico, cosa che ovviamente non può esserci – non voglio giustificare nessuno, ma credo non possa esserci – in nessun partito. Il cuore dell'analisi del Partito Popolare Pasoliniano è la circostanza di denunciare che nessuno si è accorto che nel passaggio dall'Italia contadina e paleoindustriale all'Italia industriale c'è stata una distruzione totale dei valori. Un genocidio culturale. Questo, Pasolini denuncia alla politica. Poi ha fatto il Processo al Palazzo, io credo che se fosse campato altri due o tre anni dopo il rapimento di Moro avrebbe abiurato anche agli articoli sul Processo. È questo il punto che vuole dire: «voi siete responsabili, anzi siete irresponsabili perché non vi siete accorti del fatto che c'è stato un salto antropologico, che il Paese che voi governate non è più quello che governavate prima e non avete fatto niente. Tutto è rimasto uguale». Qui c'è anche una lezione di metodologia politica: se uno governa deve cercare – non dico che fosse come diceva Pasolini – comunque di capire che Paese governa e che cosa è cambiato e quali strumenti nuovi bisogna adottare. Non c'è dubbio. Anche Aldo Moro, nell'articolo che è stato trovato nella sua macchina, che era stato scritto per «Il Giorno», denuncia che il '68 ha creato una frattura di civiltà, ha creato una situazione nella quale non si può essere più gli stessi, nessuno può essere più lo stesso. Pasolini questo dice, ma non sembra che la politica abbia capito che lì c'è stato questo passaggio, questo salto antropologico. Poi Pasolini è un poeta, è un esteta e quindi usa parole che è chiaro che la politica non sempre può usare, anzi non può usare, ma denuncia il vuoto culturale. Questa è la disperazione di Pasolini. Pasolini era persona di una vitalità formidabile, eppure vive con un senso di morte radicato dentro di sé. È una contraddizione tra la disperata vitalità e il disperatissimo senso di morte. «È cambiata l'Italia, ma com'è che non ve ne accorgete? E c'è un degrado e un vuoto culturale». Qui io vorrei toccare – andando verso la fine – un punto che secondo me è decisivo, e che è decisivo anche per noi oggi. Sentite un brano del 1966, se non ricordo male. È un inedito, inedito all'epoca, ovviamente. «La televisione – siamo nel '66, cercate di andare con la mente a quegli anni e sentite cosa dice Pasolini parlando dei politici in tv – faceva e fa di tutti loro dei buffoni. Riassume i loro discorsi facendoli passare per idioti, col loro sempre tacito beneplacito. Oppure, anziché esprimere le loro idee, legge i loro interminabili telegrammi, non riassunti evidentemente ma ugualmente idioti. Idioti come ogni espressione ufficiale. Il video è una terribile gabbia che tiene prigioniera dell'opinione pubblica, servilmente servita per ottenere il totale servilismo, l'intera classe dirigente italiana. La ciocca bianca di Moro, la gamba corta di Fanfani, il naso alto di Rumor, le ghiandole sebacee di Colombo sono uno spettacolo rappresentativo tendente a spogliare l'umanità di ogni umanità». Sessantasei. Siamo circa più di vent'anni prima che Umberto Eco si accorgesse che in televisione era meglio non andare, perché ormai era diventata un'altra cosa, la famosa storia della casalinga di Voghera. Quanto è vero che il mezzo di comunicazione riduce la complessità di un pensiero e quindi fa apparire spesso chi ci va – compresi noi – dei buffoni? Al di là di questa osservazione, vi cito un'altra frase in una lettera a Calvino del '74. «Dal punto di vista del linguaggio verbale si ha la riduzione [attraverso la televisione, N.d.R.] di tutta la lingua a lingua comunicativa, con un enorme impoverimento dell'espressività». Non sono parole che potremmo pronunciare oggi? E che sono anche state pronunciate oggi da qualcun altro che non si chiama Pasolini. Pasolini dice una cosa ancora più profonda per i nostri tempi: la televisione, i mezzi di comunicazione annullano di fatto la dialettica del tempo. Ci eliminano il passato, ci oscurano il futuro e ci fanno vivere in un eterno presente, in una dittatura del presente. Ecco il salto antropologico che avviene anche nel linguaggio attraverso i mezzi di comunicazione, attraverso la televisione. Fu l'unico credo ad accorgersene a metà degli anni Sessanta. Domandiamoci noi oggi: la civiltà digitale nella quale viviamo non merita, oltre alla televisione, di essere analizzata dentro questi schemi pasoliniani? L'impoverimento dell'espressività – badate a queste parole, sembrano riferite ai social di oggi, quando la lingua diventa solo lingua comunicativa è chiaro che cambia anche i contenuti, non cambia solo il significante, cambia anche il significato. Quante volte Pasolini ha denunciato la solitudine dei giovani, soprattutto? Dei ragazzi e dei sottoproletari, ma anche dei giovani borghesi, fascisti quanto i giovani sottoproletari, perché vittime del tecnofascismo del salto antropologico, del crollo dei valori. Quante volte ha denunciato la solitudine di questi ragazzi? Che era all'origine anche di molte malefatte, all'origine di tanti episodi di criminalità. E la sociologa americana Sherry Turkle intitola un suo libro *Connessi ma soli*, indicando l'estrema contraddizione di un mondo che ci mette in comunicazione con tutti, in tutte le parti del globo, ma ci lascia completamente soli, col nostro cellulare ovviamente. Dice Sherry Turkle – e sembra Pasolini, ma solo quarant'anni dopo: «La civiltà digitale sta assassinando la stessa conversazione tra gli esseri umani». Jonathan Franzen, un altro sociologo che si è cimentato con questi temi, dice: «Forse l'erosione dei valori umani è un prezzo che la maggioranza delle persone è disposta a pagare per la comodità gratuita di Google, il conforto di Facebook e la fidata compagnia di un iPhone». L'erosione dei valori umani è un prezzo da poter pagare. Io aggiungo, anche la rinuncia al consumo del gas, mentre viene sterminato un popolo, è un prezzo che non siamo in grado di pagare. E dice Franzen: «Sembra insomma di poter concludere che sta nascendo un nuovo tipo di cittadino antropologicamente modificato [sembra Pasolini, N.d.R.] rispetto a quello della precedente civiltà dialogica».

Chiudo con una domanda, tanto per cercare di iscrivermi con questa domanda a questo Partito Popolare Pasoliniano, anche se ho detto all'inizio che non è possibile. La civiltà digitale è una civiltà dell'immediatezza: tutto si fa in quello stesso istante. La civiltà democratica è – come è noto a tutti noi – una civiltà della mediazione. La domanda l'avete capita già: se la democrazia è un contenitore possibile, senza smarrire il suo senso delle mediazioni, a contenere appunto una civiltà dell'immediatezza. Se la civiltà digitale non è destinata a entrare – non per un complotto né per un pensiero malevolo, ma per la sua stessa dimensione peculiare – in contrasto con la democrazia. Nella guerra a cui ho appena fatto riferimento, le foto sono molto importanti. Le foto si possono fare con i telefonini. Se non ci fossero stati i telefonini a Bucha, forse non avremmo mai scoperto ciò che è avvenuto, in una guerra antica non si sarebbe mai scoperto quello che era avvenuto. Ma, a parte le foto, il grado di comunicazione che i social permettono prevede l'immediatezza, come dicevo, e mi preoccupa il fatto che invece noi abbiamo bisogno, per essere una società democratica, di continue infinite mediazioni.

Ascanio Celestini
Cosa ha detto Pasolini

1. COSA DIREBBE PASOLINI

Tutti conoscono Pasolini.

Molti si ricordano la sua faccia, gli occhiali, sanno che gli piaceva il calcio.

Spesso si chiedono «cosa avrebbe detto Pasolini?»

Se lo chiedono per questioni diversissime.

E generalmente si rispondono a nome suo.

A nome di Pasolini.

In questi ultimi giorni se l'è chiesto Antonio Padellaro su «il Fatto Quotidiano». Cosa avrebbe detto Pasolini della guerra in Ucraina? E s'è risposto che Pasolini avrebbe incitato i giovani «a una rivolta contro un manipolo di orrendi tiranni in decomposizione».

Goffredo Fofi se lo chiede sul «Messaggero di Sant'Antonio», il mensile dei frati padovani. Cosa avrebbe detto Pasolini di internet e della violenza sui social?

Fofi si risponde che Pasolini si sarebbe vergognato «di cosa è diventata una parte significativa del nostro

Paese, del nostro popolo, dei nostri alfabetizzati, usciti dalle nostre scuole».

Paolo Di Paolo vede le foto di Pasolini pubblicate proprio su Facebook per l'anniversario della sua morte e non vuole pensare a cosa avrebbe detto Pasolini. Anzi dichiara: «Non voglio più chiedermi "cosa avrebbe detto Pasolini". E vorrei che nessuno più se lo chiedesse».

Alberto Moravia se lo chiede subito, precisamente un anno dopo la morte. Mao Zedong muore nel settembre del '76 e Moravia si chiede «Cosa avrebbe detto Pasolini della fine del sogno maoista?» E si risponde che Pasolini «avrebbe detto che se lo aspettava, che non aveva mai veramente creduto al salvataggio della cultura contadina» e che «ormai era chiaro che il mondo intero si sarebbe imborghesito».

Nell'estate delle stragi del '92, un giornalista del Corriere lo chiede a Franco Citti: «Cosa avrebbe detto Pasolini, mettiamo, delle tragedie di Falcone e Borsellino?»

Capaci c'era stata due mesi prima, ma Paolo Borsellino era stato ucciso da una settimana.

Citti è uno dei pochi che non risponde a nome di Pasolini. Dice solo che: «Lui l'aveva anticipato vent'anni fa, che arrivavamo allo sfracello. Comunque, non sarebbe arrivato vivo, lo avrebbero ammazzato».

Spesso Pasolini è citato per una frase tipo: «Il calcio è l'ultima rappresentazione sacra del nostro tempo», oppure: «Il successo è l'altra faccia della persecuzione».

I napoletani si ricordano che Pasolini scrisse che «Napoli è ancora l'ultima metropoli plebea».

Il presidente Roberto Fico, in un'intervista ci dice che ha «abbandonato sempre di più la televisione come oggetto di informazione e intrattenimento» e che nella Rete si trova meglio perché «c'è un processo di produzione collettiva dove tutti siamo attori nei due sensi, sia in quello della produzione che in quello della fruizione. La televisione è ancora uno strumento che va da uno verso tutti e, come diceva Pier Paolo Pasolini, è un medium che crea sudditanza tra chi è dentro e chi è fuori».

È vero.

In un'intervista televisiva del 27 luglio 1971, Pasolini disse che «la televisione è un medium di massa, che non può che alienarci».

Il giornalista famoso quella volta lì, Enzo Biagi, lo provoca dicendo: «Noi stiamo discutendo tutti con una grande libertà, senza alcuna inibizione».

Pasolini gli risponde che non è libero di dire quello che vuole «perché sarei accusato di vilipendio dal codice fascista italiano. [...] Ma a parte questo, è il *medium* di massa in sé: nel momento in cui qualcuno ci ascolta dal video ha verso di noi un rapporto da inferiore a superiore, che è un rapporto spaventosamente antidemocratico».

Si tratta di un'intervista famosa che, però, fu censurata.

Biagi gli dice che è libero di «dire tutto quello che vuole», ma poi la televisione non lo mette in onda.

E con questa citazione tocchiamo subito due punti importanti.

Il primo è il potere della politica sull'informazione e il secondo, di conseguenza, il potere dell'informazione sulle persone.

Il 1° agosto del '75, Pasolini pubblica un famoso testo sul Corriere.

Ci dice che sta scrivendo sulla spiaggia di Ostia in mezzo a una «folla infimo-borghese, che sa di esserlo, che vuole esserlo».

Legge «L'Espresso».

Legge articoli scritti da gente che vive nel Palazzo e parla di altra gente che vive nel Palazzo con la certezza che solo quel che avviene nel Palazzo è «degno di attenzione e interesse: tutto il resto è minutaglia, brulichio, informità, seconda qualità...»

Tutto il resto della gente e delle storie rientra solo nelle statistiche e nella cronaca, mai nella Storia.

«Le casalinghe vivono nella cronaca – scrive quel giorno dalla spiaggia di Ostia –, Fanfani o Zaccagnini nella storia».

E volutamente fa il nome di due democristiani che considera uno l'opposto dell'altro.

Oggi potremmo dire che Putin, Zelensky o Biden vivono nella storia. I morti di Bucha stanno nella cronaca per qualche giorno… e poi nella statistica.

Adesso, come nel '75, tra i corpi lungo la strada di Bucha e i capi dei loro governi «si apre un vuoto immenso, una "diacronia"».

Questo potere trasforma i potenti… in attori, in personaggi che interpretano un ruolo. «Atroci, ridicoli, pupazzeschi idoli mortuari – scrive – perché la realtà è nella cronaca "fuori dal Palazzo"».

Pasolini parla spesso di questi attori del potere, gli abitanti del Palazzo. Dice che devono essere processati, ma non come categoria. No. Devono essere processati personalmente sia per le colpe concrete che per una curiosa specificità: ognuno dei potenti ha competenze e, dunque, responsabilità specifiche.

E fa i nomi.

«Ciò di cui è colpevole Andreotti non è colpevole Fanfani, ciò di cui è stato colpevole Gronchi non è stato colpevole Segni e così via».

Intanto, fuori dal Palazzo, il Paese subisce «la più profonda mutazione culturale della sua storia».

Tra gli inquilini del Palazzo fa le sue differenze.

Ripeto: non li condanna come categoria, non li mescola come ingranaggi di un sistema.

Siamo lontanissimi da quella che recentemente è stata chiamata *antipolitica*, *populismo*.

Anzi ricordiamo che Pasolini scriveva che è «meglio essere nemici del popolo che nemici della realtà».

Lui non chiede di processare "la *casta*" come è successo anni dopo la sua morte, quando guardavamo i processi in televisione, Di Pietro veniva ritratto nel presepio napoletano e gli indignati lanciavano le monetine.

E di certo Pasolini non si è mai dichiarato "né di destra né di sinistra" come leggevamo nel 2013: «Il tempo delle ideologie è finito. Il Movimento 5 Stelle non è fascista, non è di destra, né di sinistra».

No. Pier Paolo Pasolini era di sinistra.

Pier Paolo Pasolini era comunista.

Ripeto: Pasolini non considera i politici come tante tessere di un solo mosaico. Un sistema interamente corrotto e, magari, manovrato da occulti pupari.

Tanto che nella famosa ultima intervista rilasciata a Furio Colombo dice «il complotto ci fa delirare. Ci libera da tutto il peso di confrontarci da soli con la verità».

E tra i tanti politici ne salva alcuni. Aldo Moro per esempio. Ma anche i compagni del PCI e forse del PSI che hanno la loro «ormai classica interpretazione "altra" della realtà, ma non ne fanno uso. E non ne fanno uso perché, se ne facessero uso, essi dovrebbero ricorrere, logicamente, a soluzioni estreme. E quali sarebbero queste soluzioni estreme?» si chiede Pasolini.

Non l'uso della violenza, delle armi in mano agli eserciti o alle formazioni sovversive, magari terroristiche. No.

Lo sottolineo perché spesso Pasolini è stato accusato di voler processare i politici come le Brigate Rosse processarono Aldo Moro. Questa non è solo un'illazione, è proprio una trasfigurazione disonesta perché Pasolini spiega di quale processo si tratti. E scrive:

«Tali soluzioni estreme si manterrebbero nell'ambito della Costituzione e del parlamentarismo: anzi, sarebbero [...] l'esaltazione della Costituzione e del parlamentarismo».

Per questo motivo, il processo reclamato da Pasolini nei confronti di «Andreotti, Fanfani, Rumor e almeno un'altra dozzina di potenti democristiani» sarebbe come il processo a Nixon o, meglio, a Papadopulos.

Gli uomini del Palazzo sarebbero accusati di: «indegnità,

disprezzo per i cittadini,

manipolazione del denaro pubblico,

intrallazzo con i petrolieri, con gli industriali, con i banchieri,

connivenza con la mafia,

alto tradimento in favore di una nazione straniera, collaborazione con la Cia (...e su questo ci torneremo),

uso illecito di enti come il Sid (...il Servizio segreto che dipendeva dal capo di stato maggiore della difesa),

e poi...

responsabilità nelle stragi di Milano, Brescia e Bologna (almeno in quanto colpevole incapacità di punirne gli esecutori),

distruzione paesaggistica e urbanistica dell'Italia,

responsabilità della degradazione antropologica degli italiani (responsabilità, questa, aggravata dalla sua totale inconsapevolezza),

responsabilità della condizione, come suol dirsi, paurosa, delle scuole, degli ospedali e di ogni opera pubblica primaria,

responsabilità dell'abbandono "selvaggio" delle campagne,

responsabilità dell'esplosione "selvaggia" della cultura di massa e dei mass media,

responsabilità della stupidità delittuosa della televisione,

responsabilità del decadimento della Chiesa,

e infine, oltre a tutto il resto, magari, distribuzione borbonica di cariche pubbliche ad adulatori».

E proprio Moro, Zaccagnini e pochi altri dovrebbero restare fuori da questo processo.

Tra quelli da salvare mette anche la parte buona del Paese che Pasolini vede soprattutto nei comunisti e in particolare tra «coloro che hanno fatto l'unica scelta culturale elementare possibile: i giovani iscritti al PCI».

Gli stessi che, dopo la sua uccisione, si occuperanno di organizzare il funerale romano.

I comunisti del PCI dei quali Pasolini parla ai giovani di Valle Giulia nel 1968, quando li esorta a riprendersi il Partito Comunista per fare la rivoluzione.

I comunisti che Pasolini rappresenta nel dialogo con la Chiesa del Concilio quando frequenta il Centro Studi Francescano Pro Civitate Christiana, scrive e gira il Vangelo secondo Matteo che presenterà al festival di Venezia e che vedrà insieme al pubblico della prima, seduto accanto ad Aldo Moro, allora Presidente del Consiglio.

I comunisti del PCI che vota «senza il minimo dubbio, o la minima incertezza interiore».

I comunisti che, in un altro articolo scritto a ridosso della sua uccisione, definisce «Paese pulito in un Paese sporco,

un Paese onesto in un Paese disonesto,
un Paese intelligente in un Paese idiota,
un Paese colto in un Paese ignorante,
un Paese umanistico in un Paese consumistico».

Ma che, proprio per questa sua estraneità al potere criminale dello Stato, si pone come uno Stato nello Stato.

«Di conseguenza, gli uomini politici di tale opposizione non possono non comportarsi anch'essi come uomini di potere».

Da questa constatazione nasce la disperazione di Pasolini nei confronti del presente. Quella disperazione che gli farà auspicare per l'Italia, nella poesia *Alla mia nazione*, di sprofondare nel suo bel mare e liberare il mondo.

E allora come si fa a tirare fuori dal Palazzo i rappresentati del potere e portarli in un tribunale!

Secondo Pasolini è possibile fare questo processo ai gerarchi del consumismo se collaborano gli stessi «uomini che hanno condiviso» il vero potere dal suo interno, magari «come minori responsabili contro maggiori responsabili».

Solo gli interni, le figure di mezzo, quelli sempre in quota, ma in seconda fila...

Quando qualcuno di loro «deciderà di fare i nomi dei responsabili dei colpi di Stato e delle stragi» come degli intrallazzi e delle connivenze, quando e se questo accadrà ci troveremo «in definitiva» davanti al «vero Colpo di Stato».

Ecco il nostro Pasolini sovversivo!

La bomba che deve scoppiare nel Palazzo... è una bomba che sta già dentro al Palazzo. E anche i bombaroli stanno nel Palazzo. Siedono in Parlamento.

Devono solo agire.

Accendere la miccia.

Accendere la Costituzione.

Accendere il Parlamento.

Prendiamo atto che gli «uomini che hanno condiviso» il vero potere dal suo interno, almeno nel passato, non hanno collaborato.

Questo auspicio di Pasolini che somigliava a una profezia era mal riposto.

Abbiamo scoperto nel 1981 che uno dei punti di forza della loggia P2 risiedeva proprio nel confondere il Paese e nel tenere all'interno dello stesso monumentale dispositivo gli interessi di moltissimi.

Ricorderete che il 17 marzo 1981, quando un colonnello della finanza effettuò la perquisizione a

Villa Wanda e trovò gli elenchi degli appartenenti a quell'organizzazione, in quel momento, si racconta che ricevette una telefonata dal comandante generale. E questo gli disse: «So che hai trovato gli elenchi e so che ci sono anch'io».

2. MINORANZA E MAGGIORANZA

Ho aperto il mio intervento ricordando le parole del presidente Fico quando cita Pasolini che si scaglia contro la televisione come «medium che crea sudditanza tra chi è dentro e chi è fuori».

Ma quel dentro e fuori non riguarda solo la televisione o i giornali o la Rete.

È soprattutto il Palazzo ad avere un dentro e un fuori.

Le relazioni tra maggioranza e minoranze che si strutturano nel Palazzo, sono qualitativamente diverse fuori dal Palazzo.

Nel '58, quando Pasolini aveva appena pubblicato *Le ceneri di Gramsci* e stava per terminare *Una vita violenta*, un altro grande intellettuale, Aldo Capitini, scriveva che dietro alla minoranza c'è «la maggioranza degli esclusi, dei meno fortunati, di coloro che non riescono a far sentire la loro voce».

Per questo sembrano una minoranza.

Qualcuno sentirà in queste parole l'eco di quelle che Pasolini scrisse per il suo intervento al Congresso dei radicali di Firenze al quale fu invitato, ma che non poté leggere perché venne massacrato all'Idroscalo di Ostia.

Il discorso sugli *sfruttati e sugli sfruttatori.*

Altri parleranno di questo importante testo.

Io devo chiudere con una breve riflessione sulle armi delle minoranze, sull'intellettuale che si deve dotare di quelle armi, ma prima deve liberarsi delle armi della maggioranza, della sua bandiera, della sua patria, della lingua della maggioranza.

Faccio notare che Pier Paolo Pasolini nasce a Bologna, cambia alcune città seguendo gli spostamenti del padre militare, ma torna a studiare a Bologna negli anni del liceo e dell'università.

Eppure viene spesso indicato come *poeta friulano.* Effettivamente, la prima opera di un certo interesse, *Poesie a Casarsa*, la scrive in friulano, ma non nella lingua o dialetto della madre Susanna, di Casarsa della Delizia. Scrive nella lingua parlata *di ca da l'aga*, da questa parte del Tagliamento. La lingua dei contadini.

Quando arriva a Roma comincia a utilizzare una nuova lingua per lui sconosciuta. Il romano, ma non quello studiato sui libri, quello amato del Belli. Pasolini impara la lingua parlata nelle borgate romane, contaminata dal parlato degli sfollati del Sud.

La impara da Sergio Citti giocando «una furente partita a ditate» sulle rive dell'Aniene.

Il suo passaggio al cinema nasce dalla ricerca di una lingua ulteriore.

All'inizio ha pensato «che si trattasse della scelta di una nuova tecnica – dice – in realtà mi sono accorto che è stata la scelta di una vera e propria nuova lingua».

Nell'estate in cui concepisce la storia di *Accattone*, il governo Tambroni, monocolore DC con l'appoggio esterno del Movimento Sociale, cade pochi giorni dopo l'eccidio di Reggio Emilia. Le forze dell'ordine fanno cinque morti. Pasolini scrive che ha avuto «la sensazione netta che a lottare non siano più dei dimostranti italiani e una polizia italiana», ma «due schiere quasi estranee: la popolazione di una città che protesta contro delle truppe occupanti».

Cioè, secondo Pasolini, le forze dell'ordine agiscono «quasi come l'esercito di una potenza straniera, installata nel cuore dell'Italia».

E dunque Pasolini deve adottare la lingua dei colonizzati.

Un anno dopo, quando viene distribuito e subito censurato il suo primo film, *Accattone*.

Aldo Capitini, al quale ho appena accennato rispetto al concetto di maggioranza e minoranze, organizza la prima marcia della pace Perugia-Assisi.

Una pace che non c'è se viene evocata come semplice diritto naturale, cioè: «è più bello vivere in pace che in guerra».

Oppure: «tutti amiamo la pace, tutti vorremmo la pace».

No, perché nei secoli ci siamo sempre armati, abbiamo sempre fatto la guerra, ci siamo schierati contro il nemico. E quando il nemico non c'era: ce lo siamo immaginato, cercato, inventato.

Forse c'è addirittura un diritto di fare la guerra!

Invece la pace deve essere costruita come si costruisce una casa.

In natura ci sono le fronde degli alberi che ci fanno ombra, le caverne che ci riparano dalla pioggia, ma non ci sono le case.

Tocca costruirle.

E come si costruisce questa pace?

Capitini scrive che «le privatizzazioni trasferiscono i beni pubblici e le risorse alle imprese transnazionali. Noi ci opponiamo ad ogni forma di privatizzazione delle risorse naturali e dei beni pubblici. Rivolgiamo un appello perché venga protetto l'accesso a questi beni e per garantire una vita degna per tutti».

Così si costruisce la pace.

Che c'entra la guerra con l'acqua potabile?

Che c'entra la guerra con la scuola, l'ospedale, i mezzi pubblici, il parco, la pista ciclabile, l'aria pulita, l'energia rinnovabile, il cibo per tutti?

Infatti: la guerra non c'entra niente.

La pace è assenza di guerra, ma presenza di tutto il resto.

Per questo motivo, se vogliamo costruire la pace, dobbiamo impegnarci a costruire tutto ciò che non c'entra niente con la guerra affinché non resti spazio per la guerra.

Non è mica utopia. Lo hanno fatto i tedeschi.

La Germania sconfitta nella Seconda guerra mondiale (insieme a noi e ai giapponesi) ha forse il miglior Stato Sociale del pianeta. E gli Stati Uniti li hanno incentivati. Pensate a quel piccolo mondo chiuso in un muro che è stato Berlino ovest.

Chiuso in un muro, ma aperto al mondo e al futuro.

Gli Stati Uniti hanno aiutato i tedeschi a vivere meglio di loro. Meglio degli americani pistoleri, degli sbirri che soffocano i neri, dei poveri che muoiono in strada e non hanno accesso alle cure. Perché se i tedeschi erano impegnati a costruire la pace, non si sarebbero impegnati a costruire la guerra.

Ce lo insegnavano a scuola da bambini.

E produce una sensazione spiazzante sapere che la Germania riunita metterà a disposizione del proprio riarmo quella cifra paurosa di 100 miliardi e oltre.

Nel 1961, alla Rocca Maggiore di Assisi arrivano più di 20.000 persone. Sugli striscioni non c'è scritto solo «w la pace» e «abbasso la guerra». Ma «la pace si assicura con la giustizia sociale» e «la scienza e la cultura al servizio del paese».

Cioè precisamente quello che indica Pasolini quando elenca le accuse agli imputati del processo.

Non solo «responsabilità nelle stragi» ma anche «distruzione paesaggistica e urbanistica dell'Italia, responsabilità della degradazione antropologica degli italiani» e poi «responsabilità della condizione [...] paurosa, delle scuole, degli ospedali» ...eccetera.

Dietro gli striscioni della marcia della pace di Capitini ci sono Guido Piovene, Ernesto Rossi, Renato Guttuso, Giovanni Arpino, Italo Calvino e anche Pier Paolo Pasolini.

3. TUTTI CONOSCONO PASOLINI

Tutti conoscono Pasolini.

Molti si ricordano la sua faccia, gli occhiali, sanno che gli piaceva il calcio.

Spesso si chiedono «cosa avrebbe detto Pasolini?» E generalmente si rispondono a nome suo.

Pasolini ha campato poco. È stato ucciso a 53 anni. Ma ha scritto molto.

E invece di chiedersi «cosa direbbe Pasolini?» abbiamo l'opportunità di andarci a leggere quello che ha detto veramente... e non quello che gli facciamo dire noi.

Su «Vie Nuove», poco tempo dopo, Pasolini scrive: «La nonviolenza: mi sembra una nozione stupenda».

E che le «Marce della Pace sono state il fenomeno politico italiano più interessante dell'anno. Una specie di riproposta, modernissima, del CLN. [...] La nonviolenza è l'atteggiamento sentimentale e persuasivo di chi è totalmente fuori da ogni conformismo, di chi si è totalmente "liberato" attraverso gli strumenti della ragione e della cultura».

Ecco che mi accingo a chiudere il mio intervento tornando al punto di partenza.

Torno alla spiaggia di Ostia dove Pasolini legge il giornale.

Legge articoli scritti da gente che sta dentro al Palazzo e parla di altra gente che sta dentro al Palazzo.

Lui, il poeta nato e studiato a Bologna, nutrito della vita materna in Friuli, che scrive usando il romano degli sfollati e rinuncia alla lingua italiana adottando quella del cinema.

Lui preferisce interessarsi alla gente che sta fuori dal Palazzo.

E se la va a cercare nelle periferie, nel passato della tragedia greca o nelle terre lontane dell'Etiopia, dello Yemen e del Nepal.

Ecco cosa direbbe oggi Pier Paolo Pasolini: quello che diceva cinquanta anni fa.

Che oggi è ancora più evidente e urgente.

Oggi che le periferie premono sul centro, che gli stranieri stanno scappando dalle loro terre lontane. E arrivano davanti alle nostre porte chiuse. Davanti ai nostri porti chiusi.

Direbbe, come ha detto e fatto, di imparare le parole dell'altro, di chi sta fuori dalla storia.

Prima di scegliere contro chi combattere, bisogna scegliere insieme a chi combattere.

E soprattutto bisogna combattere con le armi di quella minoranza esclusa.

Perché se ci dotiamo delle armi della maggioranza entriamo nell'esercito della maggioranza.

Indice

STAMPATO IN ITALIA
nel mese di gennaio 2023
da Rubbettino print per conto di Rubbettino Editore srl
88049 Soveria Mannelli (Catanzaro)
www.rubbettinoprint.it